Dʳ C. GUIGNARD

VELPEAU

SA JEUNESSE

Labor improbus.....

TOURS

E. MAZEREAU, IMPRIMEUR-ÉDITEUR

13, rue Richelieu, 13

PARIS		BRUXELLES
GEORGES CARRÉ		A. MANCEAUX
LIBRAIRES-ÉDITEURS		
ul. Saint-Germain		12, rue des Trois-Têtes

1887

VELPEAU

Dʳ C. GUIGNARD

VELPEAU

—

SA JEUNESSE

Labor improbus.....

TOURS

E. MAZEREAU, IMPRIMEUR-ÉDITEUR

13, rue Richelieu, 13

| PARIS | | BRUXELLES |
| GEORGES CARRÉ | | A. MANCEAUX |

LIBRAIRES-ÉDITEURS

112, boul. Saint-Germain | 12, rue des Trois-Têtes

1887

A M. LE Dr F. RAYMOND

Professeur agrégé de la Faculté de Médecine de Paris,
médecin de l'hôpital Saint-Antoine.

Cher Maître et Ami,

Je suis heureux, presque fier aussi, d'avoir à vous dédier ces quelques pages sur la jeunesse du professeur Velpeau.

Si elles ont la moindre valeur, l'hommage n'en appartient qu'à vous.

Le pays qui fut son berceau est à deux pas du vôtre.

Mais vous vous rattachez à Velpeau par un double titre. N'êtes-vous pas de cette race forte des arrivés, qui ne doivent d'être ce qu'ils sont qu'à eux-mêmes, qu'on aime à proclamer pour cela fils de leurs œuvres, et sans *lesquels la France ne serait rien, parce qu'ils en sont l'âme, et qu'ils fournissent, dans toutes les branches, les maîtres les plus éminents ?*

Votre présence à la Faculté de Paris y rappelle et y continue les meilleures traditions tourangelles.

Bien affectueusement à vous,

Dr C. GUIGNARD.

J'ai voulu raconter ici les débuts difficiles et la jeunesse embarrassée, mais patiente, du chirurgien Velpeau.

Cette période de sa vie est assurément intéressante, elle est aussi particulièrement instructive.

C'est pour cela même que je me suis efforcé par les moyens en mon pouvoir de rendre, bien qu'il ait disparu depuis bientôt vingt ans, le grand praticien à sa modeste commune, de le restituer, à ma façon, à ce pays de Brèches, où il a pris naissance, au sein d'une famille indigente entre toutes.

Qu'on lui élève ou non, pour compléter l'hommage que nous lui offrons à Tours, en même temps qu'à Bretonneau, son maître et son bienfaiteur, et à Trousseau, un monument commémoratif à son lieu d'origine, — ce que beaucoup désireront avec moi, — cette courte étude, en le donnant comme exemple, servira d'enseignement et d'encouragement, je l'espère, aux enfants des campagnes, aux fils d'ouvriers, qui ne sont point rares dans nos rangs, à tous ceux qui ont la passion du travail, et dont la noble ambition est d'arriver quand même, malgré les difficultés accumulées sur la route.

Puissent ceux qui me liront avec sincérité, sans parti pris, en profiter pour eux ou pour les leurs, et comprendre le but que je me suis proposé d'atteindre !

D^r Ch. GUIGNARD.

VELPEAU

SA JEUNESSE

« Labor improbus.... »

Brèches, patrie de Velpeau, est une toute petite commune, presque sans importance, située sur les confins du département d'Indre-et-Loire, à la limite de la Touraine et de la Sarthe. Elle est à moité route de Saint-Paterne, station de chemin de fer sur la ligne de Tours au Mans, et de Château-la-Vallière, qu'on appelle *Châteaux* tout court, et qui est le canton.

Cette commune ne compte guère plus de quatre cent trente habitants, et elle a conservé, grâce à son isolement, une certaine originalité rustique. *Brèches en Bréchois,* comme disent les malins du pays, *cinquante-deux licues de Paris !*

Il y a loin de la grande ville opulente et populeuse à ce village longtemps déshérité et qui compte encore parmi les plus modestes. Et pourtant, c'est de là qu'est parti (est-ce en sabots ? c'est probable), Velpeau, l'illustre chirurgien qui, avec Trousseau, porta si haut en France l'éclat de l'École de médecine de Tours, dite École de Bretonneau.

Le voyageur, en arrivant à Brèches, éprouve la sensation que peut produire le dernier de nos villages. Ce n'est plus la Touraine que de nom, et nous sommes à quelques pas de la Sarthe, qui s'annonce déjà par des sapins et des arbres de haute futaie.

Ce pays, cependant, ne manque pas d'un certain charme sévère.

L'aspect des maisons est loin de révéler une complète aisance chez ses habitants. Basses et peu luxueuses, elles sont disposées en alignement sur une route bien entretenue.

Tout cela, sous la nudité du ciel gris d'hiver, ne dit rien au cœur.

L'église, bâtie sur la place, à côté du presbytère, forme par son air coquet, et tout à fait moderne, un contraste frappant avec les habitations. A Velpeau revient l'honneur d'avoir fait reconstruire l'ancien édifice qui tombait en ruines.

Il ne contribua qu'en partie, il est vrai, aux frais nécessités par ce travail ; mais c'est à son initiative, à son autorité, à ses relations personnelles, que les habitants de la commune de Brèches doivent leur église actuelle avec son gracieux clocher. L'histoire du clocher, prise à part, est d'ailleurs curieuse ; j'y reviendrai.

La maison où est né Velpeau et où il a d'abord appris sous les yeux de son père, à ferrer les chevaux des fermiers des environs, est située entre les deux routes de Château-la-Vallière et de Chenu. Le territoire de cette dernière commune, qui appartient au canton du Lude, vient même à quelques mètres de cette habitation. Elle est bâtie en pierres blanches et, malgré sa vétusté, paraît encore propre et relativement bien conservée.

Un maréchal-charron, sans doute un des successeurs du père Velpeau, habite non loin de là (1).

L'extrait de naissance du docteur Velpeau apprendra, avec son orthographe fantaisiste que nous respectons, à quel degré était l'instruction dans le pays chez ceux-là mêmes qui le dirigeaient à une époque si troublée. Il est du mois de mai 1795.

C'est un document fort curieux dont nous avons pris copie à la mairie de Brèches.

> *« Aujourd'hui le trente fleurial l'an troisième de la*
> *république françoisse en la maison commune de brèche,*
> *devant nous offissier publice soussigné acte présente*
> *un enfant male par le ciloïen Marien Velpot maré-*
> *chale à brèche, j demeurant lesquel a déclaré que l'en-*
> *fant presant sappelet Marien Velpot qui étet nes de hier*
> *à dix heures après midi en cet municipalité qu'il est*
> *son fils et celui de Anne Millet son légilime épouze de-*
> *meurant au mesme domicile la dit déclaration ele pre-*
> *sant acte d'angistremant on été en présance de Fran-*
> *çois Millet tisseran demeurant à Sent père de chevillé*
> *et de Marie pillet fille aussi demeurant à Sent père de*
> *Chevillé majeur témoin à cet efait don acte les décla-*
> *ran et temoin on signé avec nous.*

> » F. MILLET.   MARIE IN   VELPO

> » M. PILLET   LOUIS CAILLOU.

> *offissier public.*

(1) Je rappellerai ici même qu'Étienne Pariset, secrétaire perpétuel de l'Académie royale de médecine, membre de l'Institut, avait eu pour père un pauvre cloutier de Grands (Champagne), de même que Diderot, un simple coutelier de la ville de Langres.

Alfred-Louis-Armand sont des noms que Velpeau, selon toute probabilité, reçut à son baptême. Il s'appelait, d'après l'état-civil de sa naissance, seulement Marie.

Sent père désigne dans cette pièce Saint-Pierre-de-Chevillé, commune de la Sarthe, située entre Saint-Christophe et Château-du-Loir. A l'apogée de sa gloire, Velpeau aimait à y revenir. Il s'y trouvait au milieu de sa famille, auprès d'un frère qu'il affectionnait particulièrement.

Né de parents peu favorisés de la fortune, dans un pays dénué de ressources, Velpeau eut une enfance dure et laborieuse. Il fut employé dès son jeune âge aux travaux les plus grossiers. Il s'essaya à plusieurs métiers et il est parfaitement exact, selon M. le docteur Manceau, qu'il fît de la toile. « C'est lui-même qui me l'a dit, » m'écrivait dernièrement à ce sujet mon très honorable confrère de Château-du-Loir. Quelques biographes se sont plu à représenter Velpeau gardant les troupeaux, comme autrefois Mondeux, de mathématique mémoire et Tourangeau aussi. Velpeau ne fit jamais allusion à sa profession de berger. Mais alors ce pays n'était pas comme aujourd'hui. Il n'était presque pas cultivé. Sa famille possédait quelques bestiaux pour aider à sa subsistance ; il demeure probable que l'enfant conduisait ces animaux dans les bois et dans les landes dont le pays était couvert (1).

Ces habitudes sont entièrement perdues aujourd'hui. Sous peine de procès, on ne pourrait mener paître des animaux dans les bois.

Tout le pays d'ailleurs s'est singulièrement amélioré. On

(1) Une gravure de Velpeau m'a toujours beaucoup frappé. C'est celle qui le représente à 15 ou 16 ans, au milieu des bois, assis sur un talus de mousse, où, rêveur et mélancolique, dans une attitude réfléchie, il semble pressentir sa destinée.

y obtient presque partout de riches récoltes de blé. Les vignes qui se multiplient chaque jour produisent de bon vin.

Les landes ont complètement disparu.

Non loin de Brèches, dans une étroite vallée, existe une fontaine merveilleuse, qui passe dans le pays pour guérir les maux d'yeux. On s'y rend par des chemins profondément encaissés, bordés de haies hautes et branchues. La fontaine est dans une sorte de repli de terrain, au bas des collines boisées qui l'environnent. J'ai visité ce site pittoresque; j'ai bu à cette fontaine prétendue salutaire. La température m'en a paru assez élevée, malgré le temps qui était froid. C'est là évidemment tout ce qu'elle a de particulier, et sa renommée doit être surfaite. Respectons néanmoins cette inoffensive croyance. Peut-être est-ce auprès de cette fontaine *aux doulces vertus* et à l'ombre de ces maigres taillis déserts que le futur professeur de clinique de la Charité de Paris est venu chercher et mûrir sa vocation médicale.

On se répète sur Velpeau, dans le pays, une foule de légendes, ou, si l'on veut, une foule d'histoires qui, sans être parfaitement authentiques, donnent cependant un certain caractère à la jeunesse du grand praticien, qui aimait beaucoup à parler de son enfance, devant ses compatriotes et devant ses élèves.

Oh! combien j'eusse été heureux si une fois seulement, dans le courant de mon séjour à Saint-Christophe, j'avais pu me retrouver avec le maître, m'entretenir avec lui, causer de sa jeunesse, de tous les obstacles qui s'étaient présentés à lui; combien de conseils n'en aurais-je pas reçus? Et combien j'aurais payé cher ses paroles! Qu'il m'eût été doux de les entendre et d'en tirer profit!

Je n'ai pu que m'inspirer des souvenirs que Velpeau a

laissés. Ce n'en est pas moins une bonne fortune que j'apprécie à sa juste valeur.

Velpeau éprouva, dit-on, dès ses premières années, un très vif amour pour la science. Tout petit, afin de se procurer la chandelle qui devait éclairer ses veillées studieuses, il allait, le dimanche, de porte en porte, offrir et vendre des châtaignes qu'il avait ramassées dans les bois. C'était parfois avec ses petits camarades qu'il faisait le marchand de marrons, et jamais il ne s'endormait qu'un livre à la main.

Il y avait à Brèches un bon et brave curé, qui avait été frappé, cela arrive souvent au catéchisme, des dispositions extraordinaires de ce fils de maréchal. Il l'attira chez lui, lui apprit à servir la messe. Velpeau fut élevé à la dignité d'enfant de chœur.

Il récitait par cœur l'Évangile.

Le vieux curé mourut, ne laissant pour tout héritage à son élève que l'*Imitation de Jésus-Christ*. Je me trompe, il lui léguait en outre le goût des livres et de l'instruction, et, de plus, la légitime ambition d'arriver à quelque chose, le désir ardent de sortir de son village, de quitter le milieu où il vivait, de poursuivre l'idéal inconnu, mystérieux, qui l'attirait et où il se jetterait à corps perdu. C'est à ce prêtre assurément, fils du peuple comme lui, que Velpeau dut d'être ce qu'il fut.

Au curé qui avait tracé la route, succéda l'instituteur qui dirigea les premiers pas. Ce dernier était un vieux maître d'école ambulant, venu par hasard planter sa tente à Brèches. Il préférait de beaucoup, à ce qu'on raconte, le culte de Bacchus à celui des Muses. Velpeau ne tarda pas à en savoir bientôt autant que son maître, qui mérite ici une mention spéciale.

Cet exemple montre quels services inappréciables peuvent rendre les instituteurs aux fils de nos ouvriers des champs.

Le père de Velpeau, en sa qualité de maréchal, était souvent consulté pour les bêtes malades ; afin de devenir plus expert, il avait fait emplette de deux ouvrages : le *Parfait maréchal*, de Soleysel, et le *Parfait bouvier*, de Robinet.

Ce fut la première bibliothèque du jeune savant de village.

Quoiqu'assez développé pour son âge, Velpeau était d'une constitution chétive. Il était, selon le terme du pays, bien *faglin ;* assez haut de taille, il était maigre et pâle. Sa croissance avait été rapide, mais c'était une organisation frêle et délicate, soutenue seulement par une grande énergie morale.

Atteint d'une maladie à la jambe droite, il ne voulut avoir d'autre médecin que lui-même.

Les deux éléments d'art vétérinaire qu'il avait en main lui suffisaient. La médecine des hommes n'est pas tellement différente de celle des bêtes que les procédés de celle-ci ne puissent s'appliquer à celle-là. C'est ainsi que, par analogie, il fut amené à composer pour son usage, avec certaines plantes, des topiques qui ne réussirent malheureusement pas. La guérison se fit attendre des années et elle ne fut jamais complète. A un âge avancé, on l'entendait se plaindre encore de sa jambe malade, sa mauvaise jambe, comme il l'appelait.

A partir de ce moment il ne rêve plus que médecine.

Aidé du *Médecin des pauvres,* et ajoutons-le, de ses expériences personnelles, il ne tarde pas à donner des consultations.

A part quelques officiers de santé, sortis rapidement de l'Ecole de Tours, les médecins sont rares dans la contrée et ils habitent au loin. Leurs visites sont donc cotées à un prix assez élevé. On cherche d'ailleurs, avec cette témérité dangereuse qui est souvent le fond de l'ignorance et de la pauvreté, à se passer du concours de l'homme de l'art, à se suffire à soi-même, sans avoir besoin des autres.

C'est là une philosophie médicale un peu résignée. Elle est pourtant très développée dans les campagnes. L'ardeur de Velpeau pour la lecture des livres de médecine s'en accrut d'autant. Il y trouvait à la fois satisfaction et profit.

Quel bonheur pour lui quand il put acheter le livre de Ramazzini sur les maladies des artisans ! Il n'en continuait pas moins à aider pendant le jour son père à la forge ; mais le soir venu, il dévorait sa précieuse acquisition.

Le nouveau livre qu'il avait entre les mains avait été traduit par Fourcroy.

C'est plus qu'un traité de médecine pratique, c'est un manuel humanitaire où sont exposées toutes les maladies qui atteignent l'homme dans son travail, dans son labeur quotidien. Il ne pouvait tomber sur un meilleur choix. Ce livre d'hygiène professionnelle, que Ramazzini publia à Padoue en 1713, est rempli des faits les plus intéressants et des plus lumineux préceptes.

« Le champ que je défriche, écrit Ramazzini dans sa
» préface, n'a été parcouru par personne que je sache, et il
» promet une moisson intéressante d'observations sur la
» subtilité et l'énergie des effluves de différentes subs-
» tances. Cet ouvrage, tout imparfait qu'il est, servira
» j'espère d'aiguillon aux autres médecins, et leur secours
» contribuera à en faire un traité complet sur cette ma-

» tière, qui méritera une place dans les fastes de la méde-
» cine. La condition malheureuse de ces ouvriers respec-
» tables, dont les travaux, quoique vils et méprisables en
» apparence, sont si nécessaires et si avantageux pour le
» bien de la République, n'exige-t-elle pas ce service ;
» n'est-ce pas une dette qu'a contractée envers eux cet art,
» le premier de tous, qui, comme le dit Hippocrate dans
» ses préceptes, donne ses secours sans intérêt, et s'occupe
» aussi bien des pauvres que des riches. »

L'essai sur les maladies des artisans a mérité à son auteur le nom d'Hippocrate latin.

Et de fait, je ne sais pas d'auteur qui présente plus de
charmes pour celui qui aborde, sans idées préconçues,
l'étude de la médecine, et principalement celle de l'hygiène,
qui forme, avec la chirurgie, une science bien plus réelle.

Il y a du reste dans les vieux livres quelque chose qui
sourit aux talents naturels et les attire. Ne dirait-on pas
que les germes inspirateurs des hommes nouveaux, que ce
qui doit en faire des guides, des élus de l'avenir, se trouve
contenu dans ces chers trésors du passé ?

Velpeau, esprit méthodique, s'assimilait tout, d'une façon aisée et rapide. Il avait du premier coup trouvé la
bonne manière de lire : attentif sans précipitation, tout ce
qu'il apprenait semblait gravé sur l'airain (1). Ne perdant
point de vue les idées générales, il n'oubliait rien des
détails, et pour compléter ces facultés qu'il possédait à un
haut degré, on le vit bientôt doué de l'audace qui applique
sans hésitation les théories.

(1) On aurait pu exactement lui appliquer cette parole d'un ancien :
*Ita ut quod legeret, in succum sanguinemque suum convertisse vide-
retur.*

Mais, avec une science non digérée encore, primitive et incomplète, sans direction, impatient d'avoir autour de lui un champ d'épreuves facile à exploiter, Velpeau ne tarda pas à voir son génie soumis à un rude échec.

Quelques cures heureuses avaient établi au loin sa renommée, et il donnait des consultations de plus en plus nombreuses.

Enthousiasme de débutant.

Un accident tragique vint bientôt interrompre le cours de ses succès à tout le moins illégaux.

Exalté par ses lectures, Velpeau avait eu l'idée d'entreprendre la guérison d'une pauvre idiote qu'on lui avait amenée de cantons éloignés. Il avait lu que l'ellébore noir (*Elleborus niger*), qui croît dans les terrains arides et incultes des environs de Brèches, était employé contre la mélancolie hypocondriaque, la manie et la folie. Aussitôt il en recueille les racines et les fait infuser. *La plante qui tue ceux qui en mangent*, au dire des vieux glossaires de botanique (1), ne tarde pas à produire d'épouvantables symptômes; la malade est prise de vomissements; d'autres accidents non moins graves se manifestent.

Le voisinage est épouvanté et la scène est des plus émouvantes. Que faire? L'imprudent Esculape subit des angoisses indescriptibles.

Déjà l'infortunée est à deux doigts de la mort.

A Saint-Paterne habitait alors un médecin distingué, qui jouissait d'une juste considération dans toute la contrée.

Vite on le fait appeler.

(1) *Dictionnaire universel des drogues simples*, par M. Lemery, 1733. — Paris, d'Houry. Le mot ellébore viendrait des mots ἑλεῖν, *tuer*, et βορά, nourriture.

A l'aide de soins appropriés, ce dernier parvient à guérir la malheureuse, non de sa maladie, mais du remède.

Le docteur Bodin fait comparaître devant lui le coupable ; il l'admoneste comme il convient et lui reproche sa présomption. Il exige de lui de renoncer à un art qui n'a rien de commun avec l'art de ferrer les chevaux.

Velpeau jura tout ce qu'on voulut lui faire jurer.

Il était anéanti.

Rien assurément ne pourrait rendre compte de son désespoir.

Car d'un seul coup tous ses projets étaient renversés, toutes ses ambitions détruites.

Mais c'est souvent au moment où l'on croit tout perdu que tout, au contraire, est sauvé. Pour les êtres prédestinés, ce qui devrait les briser, les finir à jamais contribue à les remettre dans leur véritable route et à les élever. Et ce qu'un sort malin faisait tourner contre eux est brusquement changé à leur avantage et d'une façon inattendue par l'heureux destin qui les pousse en avant.

Velpeau allait en faire l'épreuve décisive.

Pour lui, l'ère des difficultés n'était point close. Mais en 1816, à 21 ans, notre héros était fortement trempé pour les vaincre.

N'était-il pas doué d'une volonté de fer ? Ne tenait-il pas de ses parents, en dehors de l'amour de la science que lui avaient inspiré ses premiers maîtres, cette ténacité qui fait la force du paysan français et son avenir, l'avenir aussi des siens ? Son instinct de l'économie et de la prévoyance n'allait-il pas le protéger contre les difficultés de la vie et en faire, en même temps qu'un être bon et une individualité utile, un homme fort, un personnage pratique, propre à faire valoir un jour tous les privilèges, toutes les revendications légitimes de notre métier?

C'est ce qui permit à Velpeau d'arriver à la fortune, à la fortune dignement acquise, en même temps qu'à la science.

A nul mieux qu'à lui on ne peut appliquer cet adage que « *le génie est une longue patience.* »

Qu'on s'imagine donc la désespérance de notre jeune maréchal.

Il était retourné soucieux, rêveur, et plein de dépit, à la forge de son père. Plus d'un quolibet l'y attendait.

L'histoire de la pauvre jeune fille empoisonnée avait fait beaucoup de bruit.

Elle était même arrivée jusqu'aux oreilles d'un riche et bienveillant propriétaire des environs, M. Delarue-Ducau qui habitait non loin de Brèches, à Souvigné. Il vint trouver Alfred et l'encouragea. Il lui proposa le précepteur de ses enfants pour l'instruire. On pense avec quelle ardeur ce jeune homme, avide de science, accepta la proposition.

Sept ans plus tard, lorsqu'il passa sa thèse inaugurale, Velpeau la dédia en ces termes à son bienfaiteur : *Nec non Domini Delarue Ducan quod eo tanquam numine propitio in studiis usus fuerim.*

Date mémorable, le 28 avril 1816, Velpeau dépose le grossier tablier de cuir. Il quitte ses parents, ses frères, ses sœurs. Conduit par ses protecteurs qui lui promettent de l'aider, il arrive à Tours. On le recommande au Dr Gouraud, qui le prend sous sa tutelle.

Il sera officier de santé.

Attaché à l'hôpital, d'abord comme externe, il se livre entièrement à l'étude. Latin, français, histoire, géographie, mathématiques, il embrasse simultanément toutes les branches de l'enseignement classique, sans préjudice de l'art des pansements, et des éléments du diagnostic des maladies.

Quinze mois d'un travail opiniâtre lui méritent une place d'interne.

Ses camarades ne le ménagèrent point pendant son séjour à l'hôpital. Cet âge est sans pitié ! Les uns accablaient le Bréchois de taquineries qui n'étaient pas toujours du meilleur goût, les autres le tournaient en ridicule parce qu'il était mal vêtu. — Ils l'appelaient *Vile peau.*

Rien ne le rebutait.

Un jour, les malins étudiants l'avaient enfermé sous un escalier. Comme il avait toujours des livres sur lui. il en profita pour étudier jusqu'à ce qu'on vînt le délivrer.

Il se garda bien de se plaindre.

Les mœurs des étudiants n'étaient pas ce qu'elles sont devenues aujourd'hui.

On dit qu'avant qu'il fut nommé interne, son père qui venait de Brèches à pied, selon la coutume, pour le voir à Tours, lui apportait une provision de pain dans un bissac, ce qui l'empêchait de dépenser à l'auberge.

Doué d'une pareille énergie, Velpeau n'eut guère de peine à se faire recevoir officier de santé. Muni d'un titre, qui pouvait donner satisfaction à ses goûts et lui assurer une existence douce et suffisamment rémunérée, il semblerait raisonnable que cet enfant du peuple s'arrêtât là. Heureux, bien plus heureux, aurait-on pu lui dire, ne sont-ils pas, en effet, ceux qui s'arrêtent à mi-côte ! Il avait le droit de pratiquer l'art noble de soulager ses semblables, de s'y perfectionner encore, tout en l'exerçant, tout en en vivant. N'y avait-il pas là de quoi contenter son ambition et celle des siens ?

Pierre Bretonneau (1) avait remarqué son élève. Il l'engagea, sans hésiter, à aller compléter ses études à Paris. Adieu les doux rêves de séjour tranquille à la campagne, auprès de sa famille. Une existence toute remplie de périls et de nouvelles émotions allait commencer : *Sic itur ad astra.*

N'était-il pas fait pour les sommets ?

Mais avec quels risques ?

Au prix de quels dangers redoutables ?

Velpeau arrive à pied à Paris, comme un compagnon du tour de France, non sans donner en route des consultations. Il descend à l'hôtel des Abeilles, rue du Foin, une rue du vieux quartier latin, qui n'existe plus depuis longtemps, et où Broussais avait, en 1814, professé brillamment dans un tout petit amphithéâtre.

Il s'installe dans une chambre à sept francs par mois : début qui n'avait rien de grandiose en vérité, mais qui n'altérait en rien sa confiance dans l'avenir. Sa demeure était à proximité des écoles. Il pouvait librement satisfaire cette soif de leçons et de cours qui tient presque tous les jeunes gens; il pouvait boire à longs traits à cette coupe enchantée de l'étude, en attendant qu'il en abreuvât les autres.

Imbu des idées médicales si saines qui avaient donné tant de valeur à l'enseignement de son maître Bretonneau, Velpeau se met de nouveau à l'étude de nos grands pro-

---

(1) « Honneur au docteur Bretonneau, c'est à lui que la France doit Velpeau ; c'est lui qui a su deviner ce diamant avant que l'étude eût écarté son enveloppe. »

(La Loire historique.)

blèmes qu'il reprend par la base, afin de les mieux résoudre, de les résoudre plus sciemment et sans opinion préconçue.

Il est facile de reconnaître dans la façon spontanée dont procédait pour ses observations Bretonneau, qui, petit médecin de campagne, vint à quarante-cinq ans s'établir à Tours, un disciple de Descartes et un génie de même trempe.

Est-ce à la terre, au climat, qu'on doit cette tournure d'esprit particulièrement heureuse ?

D'aucuns le prétendent.

Quoi qu'il en soit, il faut bien admettre qu'il y a dans cet apanage des hommes de la Touraine quelque chose qui est à remarquer.

Le docteur Miquel, qui s'intitulait bravement vétéran de l'école de Bretonneau, exprimait à ce sujet des idées très justes dans les reproches qu'il adressait à Bouillaud en 1874 :

« J'ai cependant, lui écrit-il, une réclamation à faire, car je ne puis pas vous témoigner combien il me semble regrettable que vous ayez oublié de mentionner les œuvres (il s'agit de l'intoxication purulente) de mon compatriote et maître Bretonneau qui n'a pas, il est vrai, beaucoup écrit, mais qui fut un de ces cliniciens si rares et dont la France ne saurait être assez fière ; il avait d'autant plus droit à ne pas être oublié par vous, Monsieur le Professeur, qu'il fut le premier maître et inspirateur de deux hommes, Trousseau et Velpeau, qui ont fait honneur à la Faculté de Paris.

« Car tant qu'ils ont vécu, nulle clinique ne fut plus fréquentée par les élèves que celles de ces deux professeurs qui, cependant, ne furent que des représentants incomplets de Bretonneau, car ils quittèrent Tours pour aller à Paris avant que cet observateur si remarquable eut eu le temps de compléter ce que ses premières leçons leur avaient appris. »

Je laisse bien entendu ici au bon docteur Miquel la responsabilité de son jugement sur les élèves de Bretonneau. Ce jugement néanmoins, de la part d'un homme qui n'est plus, m'est agréable à citer.

Bretonneau fut non-seulement un maître pour Velpeau, il fut aussi son bienfaiteur.

Ce n'est pas tout d'aller à Paris, il s'agit d'y rester. L'étudiant se contente de peu, il lui faut vivre pourtant. Bien que l'on obtienne encore moins que ce qui peut vous satisfaire, j'entends, avec raison, il faut encore quelque chose.

Velpeau, sorti d'où l'on sait, était loin de mener la vie joyeuse et douce, presque exempte de soucis de celui qui reçoit de l'argent de sa famille. Plus que jamais, c'étaient des privations, des inquiétudes sans cesse renouvelées.

Il achetait du pain aux soldats de la caserne de la rue du Four-Saint-Jacques et mangeait pour son dîner, avec les ouvriers, l'ancien ordinaire à 35 centimes. Il déjeûnait avec un fromage de Marolles.

Cela a duré environ une année, le temps pendant lequel il n'avait pas encore d'élèves particuliers. Ce détail m'a été donné par le Dr Desprès, chirurgien de la Charité, qui le tenait de la bouche même de « son maître Velpeau », comme il l'appelle encore.

Apprenant la détresse et les privations du jeune Tourangeau, Bretonneau, de son côté, lui vint en aide avec sa générosité habituelle.

On a prétendu que Velpeau ne fut pas toujours bien reconnaissant des services qui lui furent rendus par son maître.

C'est à tort qu'on lui a fait ce reproche.

Il suffit, pour s'en convaincre, de lire les lignes suivantes sorties de la plume du grand chirurgien :

« A cette époque vivait à Tours un homme d'un grand nom, d'une grande intelligence, qui a laissé sur son passage une trace assez vive, une empreinte assez profonde, pour que nos neveux ne l'oublient pas plus que nos contemporains. Je veux parler du Dr Bretonneau, qui brilla au milieu des hommes de son siècle, fixa sur lui l'attention des savants, fut recherché d'un bout de la France à l'autre ; à qui la notabilité et l'illustration ne vinrent ni du hasard, ni de la fortune, ni des faveurs des grands, ni de la chaire des écoles, ni de la tribune des académies, ni du tourbillon de la capitale, mais qu'il conquit sans y penser, en dehors des théâtres retentissants, des excitations de la foule, et presque sans sortir de son berceau. » (Velpeau, 1862.)

Trousseau, plus expansif, âme ardente et généreuse, chevaleresque, parlait également en termes émus de Bretonneau et des services qu'il rendait à la médecine française. Rien d'étonnant à cela. « Trousseau, dit Amédée Latour, qui a eu le bonheur de connaître d'une façon intime l'illustre professeur, était d'une bonté si spontanée qu'il ne pouvait croire aux mauvaises actions. On lui a fait beaucoup de mal, il n'en a jamais fait à personne. Confiant jusqu'à l'abandon, généreux jusqu'à la faiblesse, il n'avait d'autres défauts que ceux de ses qualités charmantes, c'est-à-dire du caractère, de l'esprit et du cœur de l'artiste, car Trousseau a été surtout, et il s'en faisait gloire, un artiste éminent. »

Trousseau prononça en 1862, sur la tombe de son vieux maître, les paroles suivantes, qui prouvent sa reconnaissance et cette sensibilité qui le rendait parfois si éloquent :

« Il m'était difficile, dit-il d'une voix attendrie, à cette heure suprême, de ne pas payer un juste tribut de profonde affection, de respect et d'admiration à l'homme dont je ne veux plus me souvenir maintenant que pour le remercier de m'avoir paternellement tendu la main quand j'étais jeune et pauvre, de m'avoir soutenu dans ma vie, de ses conseils et de son amitié, et de m'avoir introduit dans une carrière et dirigé dans une voie où, sans le reflet de son génie, je fusse resté enseveli dans l'obscurité d'où m'a tiré la vulgarisation de ses doctrines et de son enseignement. »

Le docteur P. Labarthe (1) a soin de nous apprendre que Trousseau ne toucha jamais ses droits d'auteurs pour son ouvrage de clinique qui a eu plusieurs éditions et s'est vendu à un nombre considérable d'exemplaires. — L'argent dut être distribué par l'éditeur à deux jeunes médecins sans fortune dont l'un était le docteur Racle, mort si tristement et d'une façon si prématurée.

Je reviens à mon héros. Grâce à un travail opiniâtre, Velpeau fut nommé préparateur de Cloquet.

Il était désormais classé.

— A présent, dit-il, ma fortune est faite !

(1) *Nos médecins contemporains.* — Paris, Duquesne, 1868, page 67.

Et, en effet, à partir de ce moment, tout semble lui réussir.

Il soutint sa thèse, le 27 mai 1823, sur les fièvres intermittentes, la teigne, les inflammations, etc... Elle porte le titre suivant :

— Thèse sur quelques propositions de médecine, présentée et soutenue à la Faculté de médecine de Paris, le 27 mai 1823, pour obtenir le grade de docteur en médecine, par Alfred-Armand-Louis-Marie Velpeau, de Brèches, département d'Indre-et-Loire, ex-premier élève interne de l'hôpital général de Tours, aide d'anatomie à la Faculté de médecine de Paris, professeur particulier d'anatomie, de médecine opératoire et d'accouchements.

On lit en tête cette épigraphe :

Sumite materiam vestris, qui scribitis æquam
Viribus, et versate diu quid ferre recusent,
Quid valeant humeri.

HOR. ARS POET.

Cette thèse est dédiée, comme je l'ai dit, à M. Delarue-Ducan (1) et au chirurgien Richerand.

Voici comment Velpeau s'exprime au début de ce travail qui n'a pas plus de 25 pages :

« Des raisons qu'il est inutile de relater ici m'obligeant

---

(1) Le protecteur de Velpeau était un des descendants de Jean Delarue-Ducan, dont on voit dans l'église de Souvigné l'épitaphe suivante :

Ici repose :

Messire Jean Baptiste Pierre René Delarue-Ducan, escuyer, chevalier de l'ordre royal et militaire de Saint-Louis, ancien capitaine au régiment de Bourgogne, écuyer de main du roi, seigneur des terres et seigneuries de Souvigné, les Cartes, la Roche, Launay, l'Imbertière et autres lieux, décédé le 17 décembre 1787, à son château des Cartes.

Priez pour le repos de son âme.

2

de passer rapidement mes dernières épreuves, il me devient impossible de me livrer aux recherches nécessaires pour traiter convenablement le sujet de dissertation que j'eusse voulu soumettre à l'examen de mes juges. Ayant d'ailleurs fixé depuis longtemps mon attention sur divers points de doctrine qui me paraissent peu clairs ou mal exposés, je n'aurais pu les discuter suffisamment dans une simple thèse inaugurale; en conséquence, j'ai mieux aimé en réunir un certain nombre, et en extraire quelques propositions que je me propose de reprendre plus tard, lorsque les circonstances me le permettront, si quelque plume plus exercée ne s'en empare pas avant. Mon peu d'habitude dans l'art d'écrire me donnera peut-être l'air présomptueux et vain; je hais l'orgueil cependant; mais je hais plus encore une feinte modestie, car elle me semble plus orgueilleuse que l'orgueil lui-même. »

On sent déjà dans ce langage un maître en pleine possession de lui-même.

Tout classique qu'il était, Velpeau était incontestablement un homme de progrès.

Longtemps avant que l'histologie fût entrée de plain-pied dans la science, il en avait pressenti tous les avantages; il fut même, avec Donné, un des premiers représentants de la micrographie en France. Plus tard, c'est lui qui encouragea encore les travaux de Lebert. Il est vrai que quelques années après, Velpeau crut devoir, dans une discussion mémorable, s'opposer à ce qu'il nommait les erreurs et les empiètements du microscope sur la clinique. Il n'en avait pas moins reconnu un des premiers la haute valeur de cet élément premier du diagnostic anatomique.

Son esprit était ouvert à toutes les nouveautés, témoin

ce qu'il fit au sujet du prétendu docteur Noir, le guérisseur de cancers dont on a tant parlé.

Velpeau transporta de la maréchalerie dans la chirurgie plusieurs instruments d'une utilité incontestable. Il rappelait même volontiers et sans forfanterie qu'il avait exercé ce métier. Un jour que, pour le désigner sans doute, on parlait en pleine Académie de médecine, des maréchaux de la médecine : « Eh bien, dit-il, je finirai comme j'ai commencé ! »

Ecoutons les idées générales de Velpeau sur la science, *(Coup d'œil sur la chirurgie au XIV° siècle)*. Là encore, comme dans les détails et les inventions ingénieuses de la chirurgie, sa supériorité se révèle d'une façon éclatante :

« Avant tout il faut être de son temps. La science revêt toujours un peu la teinte, les allures des milieux où elle vit. Personne ne peut se soustraire absolument aux exigences de l'époque où elle fleurit ; il faut que ses adeptes s'attachent à la bien comprendre s'ils veulent la servir. Les uns la poussent en avant, d'autres l'entraînent ; s'il en est qui la tirent de côté, d'autres tendent à la faire reculer. De tous ces efforts quelquefois contraires, il en résulte un ébranlement qui l'empêche de s'endormir, de rester stationnaire, un mouvement que tout homme qui s'attelle à son char doit suivre ou conduire, s'il ne veut être renversé par elle. Pour ne pas être bientôt distancé par son ascension, il importe même d'élever les regards très haut, afin de l'accompagner dans le lointain, de ne pas la perdre de vue pendant la route. Contempler ses splendeurs futures, n'empêche point d'admirer les monuments du passé. »

Velpeau était l'exactitude même. Ni ses occupations multiples, ni les exigences de sa clientèle ne le firent manquer à cette ponctualité qui inspirait tant de confiance aux malades. On le voyait chaque jour aller de chez lui à l'hôpital de la Charité sans jamais modifier sa route. Il ne consentait à se rendre aux appels qui lui étaient faits qu'après ce devoir accompli. — Il était toujours le premier arrivé.

On a accusé Velpeau d'ingratitude, d'égoïsme, d'insensibilité. Ces reproches sont-ils fondés ? Ce n'est pas mon avis.

J'ai vécu suffisamment dans son pays, qui est presque le mien, au milieu de sa famille (1), et je suis convaincu que s'il eut parfois des jaloux, ce ne fut point un renégat.

Ne l'avons-nous pas vu payer lui aussi son tribut à Bretonneau, dédier sa thèse à l'un de ses premiers bienfaiteurs, M. Delarue-Ducan ?

Économe dès l'enfance, dur à lui-même, esprit méthodique, quelque peu sceptique au fond, Velpeau eut dans sa vie et, dans maintes circonstances, des échappées, des réflexions, disons mieux, il eut des actes qui permettent d'apprécier les qualités de son cœur.

Velpeau garda inoubliés les souvenirs de son enfance et de sa jeunesse ; il eut pour sa famille une affection réelle, ce qui vaut mieux que des manifestations ostentatoires sans résultat positif. N'a-t-il pas légué mille francs de rente, leur vie durant, à chacun de ses neveux, au nombre de quatre ou cinq ? Il eut pu faire davantage, c'est vrai, mais il aurait bien pu aussi ne rien faire du tout, ayant une famille personnelle.

(1) Tous les membres de cette famille sont aujourd'hui dispersés dans les communes de Château-la-Vallière, Brèches (Indre-et-Loire), St-Pierre-de-Chevillé (Sarthe), Saint-Christophe.

N'a-t-il pas lui-même amené à Brèches, son pays, où il n'avait que des parents et des amis de la plus humble condition, ses deux filles (1) ?

Le point de départ d'où il s'était élancé en parcourant sûrement et glorieusement une carrière honorable et brillante entres toutes, était sans cesse présent à son esprit. Ses premières années, ingrates et malheureuses, le poursuivaient partout et tant qu'il vécut. Cette pensée devait assurément lui faire trouver plus de saveur aux légitimes honneurs qui lui étaient rendus.

Il était fier de ses débuts : c'était son droit. S'il aimait sa famille, il prenait aussi à cœur les intérêts de son pays natal.

Voici comment Velpeau s'exprime, dans une lettre du 17 novembre 1842, que j'ai sous les yeux et qui est adressée au maire de Brèches :

« Très honorable maire, le préfet est autorisé par le ministre à donner 1,500 fr. sur les fonds départementaux pour reconstruire le presbytère de Brèches. Je donne moi-même 1,000 fr. en deux fois, pour le même objet. Il y a donc lieu de commencer l'affaire au plus tôt. Je présume qu'une adjudication sera nécessaire. Alors il faudrait s'en entendre avec le Préfet, auquel j'annonce la décision du conseil d'Etat, et ce que je compte faire à l'appui de l'indemnité gouvernementale. Aurez-vous la bonté de vous occuper de tout cela maintenant ? Vous ne sauriez croire combien je serais heureux de savoir ces pauvres habitants de Brèches contents et sentir que je ne les oublie point ! »

(1) Velpeau a fait plus d'une fois allusion de l'amer chagrin qu'il avait éprouvé à la mort de l'une d'elles.

Le voyage auquel je fais allusion, et qu'il fit en compagnie de ses deux filles, s'est accompli en 1851 ou 852.

Velpeau était resté à Brèches deux ou trois jours.

2.

« Sentir que je ne les oublie point ! » N'y a-t-il pas dans cette simple phrase quelque chose qui émeut doucement ? En dehors de la grande, en effet, chacun n'a-t-il pas sa petite patrie ? Il semble que Velpeau ait tenu à rendre cette dernière aussi heureuse que possible. Eloigné d'elle, il s'en souvint toujours aux heures de ses luttes ardentes, comme aux jours éclatants de ses succès. L'humble maison, la modeste boutique où son père travaillait ne s'en allait jamais de son souvenir, ainsi que sa mère filant sa quenouille au seuil de la porte.

C'est dans cet ordre d'idées filiales et patriotiques que, dans son testament des 7 et 8 octobre 1865, il écrit : « Je lègue et donne, etc...... 4° Une somme annuelle de cinq cents francs pour les habitants les plus pauvres de la commune de Brèches, une même somme annuelle pour l'entretien de l'église de ce pauvre village et du tombeau de ma mère. »

Ce sont là des documents.

Heureusement pour la mémoire de Velpeau, ils peuvent se passer de commentaires.

Velpeau avait gardé de sa mère, une Millet, un souvenir touchant. Il avait un plaisir infini à aller passer plusieurs semaines chez ses parents Millet qui habitaient Saint-Pierre-de-Chevillé. Il s'y trouvait gâté par ses oncles et tantes, par son parrain et de bons camarades.

Velpeau d'ailleurs avait beaucoup de ressemblance physique avec les membres de sa famille maternelle.

Saint-Pierre-de-Chevillé (668 habitants) est à trois lieues de Brèches et cette commune appartient au département de la Sarthe ; mais elle a, avec la Touraine, avec

(1) Je suis heureux de rappeler dans cette biographie de Velpeau que c'est à Saint-Christophe (deux lieues de Brèches) que sont nés

Saint-Christophe (1) en particulier, des relations constantes et de très grandes affinités. Airard de Bannes, au onzième siècle, avait concédé à Marmoutier une partie des revenus de l'église de Saint-Pierre-de-Chevillé.

L'église, d'origine romane, à nef unique, est peu remarquable ; mais elle possède un joli clocher que Velpeau admirait beaucoup et pour la restauration duquel il donna 200 francs.

La commune de Saint-Pierre qui offre aux archéologues le château ruiné de la Ragotière était autrefois malheureuse et composée de tisserands dont la toile se vendait à Château-du-Loir. Aujourd'hui, à part les tuyaux de pompe, cette industrie est à peu près abandonnée. On est revenu avec raison aux travaux des champs. Tout le monde y fait de la culture et tout le monde y est heureux. — Il n'y a point d'indigents.

Un bon petit pays que cette commune de Saint-Pierre-de-Chevillé.

C'était, pendant que j'exerçais la médecine à Saint-Christophe, ma meilleure contrée.

Toutes les personnes d'un certain âge ont, dans cette localité, connu Velpeau. Je m'y suis rencontré un jour, en tournée de malades, avec le neveu du grand chirurgien,

deux professeurs agrégés de la Faculté de Paris : Le Dr Fulgence Raymond, actuellement médecin de l'hôpital Saint-Antoine, et le Dr Raphaël Blanchard, professeur de sciences naturelles. — Le D^r Ed. Labbé, médecin de la maison Dubois, est également né là. C'était le fils d'un de mes prédécesseurs.

Ne dirait-on pas qu'il y a des pays privilégiés où, comme certaines plantes officinales qui se plaisent à croître en abondance et presque exclusivement dans des stations préférées, certains talents se donnent rendez-vous pour éclore. Ils semblent être le résultat d'une sève vivante, particulière, et sortie du sol. — Ils forment dans leur ensemble ce qu'on pourrait appeler le génie du terroir.

le fils d'un de ses frères qu'il avait fait exempter du service militaire.

Il avait demandé cette faveur à un général habitant Bordeaux, paraît-il, et dont il avait accouché la femme. Deux enfants du général étaient morts en venant au monde. Velpeau avait sauvé le troisième.

Était-il possible de refuser l'illustre opérateur et, la grâce accordée, n'était-on pas encore en reste avec lui?

Le fils aîné du frère de Velpeau a été curé à Dissay-sous-Courcillon, puis aux environs du Mans. Il est actuellement retraité à l'asile de la Providence, à la Flèche. On eut désiré, dans la famille, devenue ambitieuse, en faire un médecin. Velpeau s'y opposa et conseilla à ses parents de laisser le jeune homme embrasser la carrière ecclésiastique : « C'est elle que j'aurais prise, ajouta-t-il enfinment, si je n'avais pas embrassé la carrière médicale. »

Velpeau revint plus d'une fois à Saint-Pierre-de-Chevillé. Un jour, son frère était en train de battre du blé dans une grange avec d'autres cultivateurs. Il prit le fléau des mains de l'un d'eux : « Voyons donc, dit-il, si je m'en souviens encore ! » Et il se mit aussitôt à battre avec les paysans. Cette petite histoire fait le bonheur de ceux qui me l'ont contée.

Il passait un autre jour, du côté de Boiserard (commune de Saint-Aubin), près d'un étang, sur les bords duquel il était souvent venu dans sa jeunesse : « Voyons, dit-il, si l'eau est encore bonne ; je buvais toujours là, en passant, quand je travaillais. » Et, nouveau Diogène, il se mit à boire dans le creux de sa main.

Le père de Velpeau, arrivé à une modeste aisance, faisait à la fin de sa vie le commerce de l'avoine et du bois de chauffage. Il s'était établi, quittant Brèches, à Vouvraysur-Loir, et c'est là qu'il mourut. Sa dépouille mortelle fut transportée plus tard à Brèches par les soins de son fils. On lit cette simple inscription sur la tombe commune du père et de la mère de Velpeau : *Restes mortels de Mme Velpeau, née Anne Millet, décédée le 7 août 1827, à l'âge de 53 ans, épouse de Marin Velpeau, mort le 1ᵉʳ février 1827, âgé de 57 ans. — Priez pour eux.*

Le dernier dépositaire du nom de Velpeau aujourd'hui, est M. Velpeau de la *Beuglaie*. Il n'a pas d'enfants. C'est un agriculteur émérite et j'ai vu chez lui une magnifique reproduction du taureau de Rosa Bonheur gagnée à un concours agricole.

Mon oncle, me disait-il un jour, aimait beaucoup à se rappeler le langage de nos campagnes et à le parler. Le mot *vanquié* (1), dont on abuse dans toute la Sarthe, lui revenait parfois à la bouche. Il demandait un jour en plaisantant à un de ses amis, né à Paris, qui ne connaissait ni la langue ni les habitudes de la province, s'il connaissait les *oribus*. L'ami était stupéfait. L'oribus est une chandelle de résine dont se servaient les malheureux dans les campagnes. Ce mode d'éclairage, très primitif, et qui n'a rien de commun avec l'électricité, a déjà disparu.

Mais Velpeau, sceptique et narquois, trouvait surtout un raffinement de satisfaction lorsqu'il pouvait mettre en défaut ou plier à ses vues des gens haut placés. Il se divertissait volontiers à mettre au jour les ridicules et les faiblesses de certains personnages d'une condition élevée.

Coquetterie pardonnable.

Ce fils de paysan qui se savait irrésistible, aimait à montrer sa propre valeur. Je ne veux point rapporter ici l'his-

(1) *Vanquié*. Cette expression veut dire *à peu près, environ, comme qui dirait*. On la trouve dans quelques écrivains de la renaissance.

toire d'un vieux gentleman qui, venu d'abord consulter
Velpeau chez lui et effrayé du prix exigé par le docteur
pour l'opérer, avait pris le parti de se faire admettre à
l'hôpital. Il faut l'avouer, les railleries de l'habile chirurgien étaient bien méritées.

Il plaida chaleureusement auprès des autorités civiles la
cause de l'église de Brèches.

M. X..... était alors préfet d'Indre-et-Loire. Le concours du gouvernement, on était sous l'Empire, se faisait
désirer. Velpeau accompagné du médecin de M. le Préfet
se rend à la préfecture. Il explique le but de sa démarche.
Le haut fonctionnaire cherche à expliquer les retards déjà
survenus, fait prévoir des difficultés, hasarde quelques
objections. « Alors, dit Velpeau sérieusement, je vais être
obligé de m'adresser à mon gendre, le comte Thoinnet de la
Turmelière (1), chambellan de l'Empereur. » Il n'en fallut
pas davantage. M. le Préfet accorda tout ce que Velpeau
voulut bien lui demander.

Le médecin n'a pas besoin assurément d'être un grand
homme pour être exploité ; depuis le plus humble jusqu'au plus distingué, il l'est tous les jours. Velpeau, en
qualité de chirurgien en renom, était à même plus qu'un
autre d'être mis à contribution, mais il ne se laissait faire
qu'à son corps défendant.

Cela lui valut, même en Touraine, une certaine réputation de dureté. Velpeau qui racontait un jour à madame de

---

(1) Le comte Thoinnet de la Turmelière est député d'Ancenis
(Loire-Inférieure) depuis longtemps, officier de la Légion d'honneur.
Conseiller général depuis 1857, il était peu après député pour l'ar-
rondissement d'Ancenis. Il est conseiller d'administration du chemin
de fer d'Orléans. Réélu député en 1876, 1881, octobre 1885, il appartient au groupe de l'union conservatrice.

T.... comme quoi il n'avait pas cent sous dans sa poche lorsque, rasant les murs de son vieux château, il se rendait à la danse à Saint-Paterne, n'aimait ni les marchandages, ni les recommandations importunes. Son tarif était élevé et ce n'est que dans des cas exceptionnels qu'il consentait parfois à l'abaisser.

« Malgré sa grande fortune, dit un de ses biographes, l'illustre docteur vivait très simplement et très frugalement. Cela se comprend, si l'on songe aux habitudes de sobriété et de privations même qu'il prit dès son enfance et qu'il conserva toute sa vie. Du reste lorsqu'il recevait tous les ans ses élèves dans sa charmante propriété, M. Velpeau faisait très bien les choses (1). »

Voici une aventure qui lui arriva et qu'il aimait, paraît-il, à raconter à ses élèves.

« Un jour, à l'heure de ma consultation (c'est lui qui parle), je reçus la visite d'un jeune homme de vingt-deux ans qui venait s'acquitter envers moi des soins donnés à sa mère, sur qui j'avais pratiqué une opération assez délicate. Mes honoraires se montaient à 6,000 fr. Six mille francs ! Monsieur, assurément c'est bien peu pour payer vos soins, mais nous n'avons pas une grande fortune, et cette somme va singulièrement ébrécher notre petit avoir. Oh ! comme ma mère et moi nous vous serions reconnaissants si vous vouliez bien un peu abaisser ce chiffre ! » Le jeune homme fit tant et si bien que, contre mon habitude, je me laissai attendrir et abaissai ma note à 5,000 fr., que le jeune homme déposa sur mon secrétaire.

(1) Paul Labarthe. — *Nos médecins contemporains.*

Puis il partit en me jurant « *une éternelle reconnais-sance* ».

» Le soir de ce jour, je passais sous les arcades du Palais-Royal, lorsque j'aperçus, sortant de chez Véfour un groupe de jeunes gens qui paraissaient avoir assez copieusement sacrifié à Bacchus. L'un d'eux, qui semblait être le Mécène de la fête, criait en se tordant :

« — Ah ! ce vieux père Velpeau, on l'a carotté tout de même ! c'est lui qui paye la noce, mes amis ! »

« Entendant prononcer mon nom, je pressai le pas, et re-gardant celui qui avait ainsi parlé, je reconnais qui ?.... mon fameux homme aux 5,000 fr. Il m'en avait bel et bien *carotté* mille. Et dire qu'il n'a peut-être même pas bu à ma santé ! pensais-je en jurant, mais un peu tard, qu'on ne m'y prendrait plus. »

Etait-ce amour d'enfance, était-ce sentiment artistique, Velpeau aimait beaucoup, paraît-il, les clochers d'église. « Comme vous avez un joli clocher, disait-il émerveillé au curé de Saint-Pierre ». L'église de Brèches était ter-minée, mais elle attendait toujours son clocher. Velpeau crut dès lors qu'il n'y avait rien de fait. Il fit tant et si bien qu'on en décida la construction. Il contribua à cette œuvre pour une large part. Voici comment il explique son insis-tance à ce sujet.

Pendant son enfance, si dure on le sait, ayant commis une faute assez grave, son père s'était fâché et l'avait me-nacé.

Velpeau n'avait rien trouvé de mieux que de s'enfuir et de se cacher dans le clocher de l'église. Il y était resté longtemps et n'était rentré au logis que le courroux pater-nel apaisé.

Aussi avait-il tenu par reconnaissance que le clocher sauveur fut réédifié.

Il racontait cette aventure à qui voulait l'entendre.

On raconte encore que Velpeau se trouvant un jour en province avec un de ses confrères de la Faculté, s'arrête tout à coup et se met à renifler fortement.

— Est-ce que vous ne sentez pas ?

— Non.

— Cette odeur de corne brûlée...

— Mais non, vous dis-je.

— C'est que vous n'avez pas l'habitude comme moi... Je vous assure qu'on ferre un cheval dans les environs !

Et voilà Velpeau qui entraîne son confrère à travers les rues de la petite ville. Il arrive, en effet, en face d'un maréchal-ferrant qui plantait des clous dans un sabot de cheval. Velpeau reste quelques minutes à le regarder, visiblement agacé, donnant tous les signes d'une irritation nerveuse. Puis tout à coup :

— Tenez, mon cher, allons nous-en. Cet homme est si maladroit que j'ai une envie folle de lui montrer comment il faut s'y prendre !

Une autre fois, à un bal de l'Empereur, Velpeau voit venir à lui un savant étranger, qui le salue ainsi qu'un dignitaire de la science et ajoute avec un sourire :

— Monsieur le maréchal, je vous présente mes devoirs.....

— Maréchal ?... riposte le grand chirurgien. Ah ! vous ne croyez pas si bien dire (1).

Quand ses parents moururent, Velpeau était déjà chef de service à l'hôpital Saint-Antoine. Il fut nommé chirurgien de l'hôpital de la Pitié en 1830.

(1) Le *Figaro*, Juillet 1886.

Deux ans plus tard, il était élu membre de l'Académie de médecine.

En 1835, à la suite d'un concours remarquable, dans lequel il l'emporta sur Lisfranc, son concurrent, il devint professeur de clinique chirurgicale.

En 1842, lorsque mourut le baron Larrey, le célèbre chirurgien des armées de Napoléon 1er, qui les suivit partout, à Madrid, à Moscou, à Austerlitz, à Waterloo, où il fut blessé et fait prisonnier, un siège restait vacant à l'Institut.

Plusieurs candidats se présentèrent pour l'occuper. Ce fut à Velpeau que revint l'honneur de s'y asseoir. Le jour où il y monta, il dit à ses collègues ces simples mots :

« Je n'aurais jamais cru, Messieurs, que j'arriverais un jour si haut, étant parti de si bas. »

Cette nomination lui avait donné une émotion si grande, que la personne qui lui annonça cette nouvelle, rue de Verneuil, provoqua ses larmes.

Le lendemain, à l'hôpital de la Charité, les étudiants gardèrent un silence respectueux dès son arrivée et pendant sa visite aux malades, mais lorsque rendu à l'amphithéâtre, il voulut commencer sa clinique, un tonnerre d'applaudissements l'accueillit.

Immédiatement, avec cette parole originale, profondément convaincue et brève qui le distinguait, il improvisa devant son auditoire enthousiaste une conférence sur *le travail* à l'aide duquel il avait tout obtenu.

Comme professeur, Velpeau était surtout remarquable par la concision et la clarté. Il était logique avant tout. Peu soucieux de plaire, il n'embellissait pas, comme Trousseau, ses discours ; mais il allait droit au but. Son style était ferme comme sa main était habile et sûre.

Il forma la plupart des grands chirurgiens et médecins qui furent les maîtres des médecins de ma génération, Dolbeau, Desprès, Guyon, Peter (1), etc.

On cite sur le docteur Dolbeau l'anecdote suivante qu'il m'a paru intéressant de recueillir :

A la rentrée des écoles, en novembre 1849, par un matin gris et brumeux, le jeune élève et futur Esculape se présentait chez le concierge de la Charité, rue Jacob.

Il demande d'une voix timide :

— Voudriez-vous, s'il vous plaît, m'indiquer le service de M. Velpeau.

— Et que lui voulez-vous à M. Velpeau ? lui dit une personne à cravate blanche et à sourcils broussailleux, qui lisait dans le fond de la loge.

— Je voudrais le prier de m'apprendre la médecine, réplique naïvement l'élève.

— Montez dans la salle, lui dit l'homme aux longs sourcils, qui n'était autre que Velpeau lui-même.

Dolbeau sort. Il n'en était pas plus renseigné. Il franchit successivement la première, puis la seconde cour de l'hôpital. Il rencontre un étudiant à l'air *bon enfant* qui lui sert de cicérone.

Il venait d'entrer lorsque huit heures et demie sonnèrent ; aussitôt la porte s'ouvre. Un homme entre, attirant l'attention de tous.

C'était celui-là même qu'il avait trouvé chez le concierge. Velpeau s'assit, prit la feuille de présence et fit l'appel de ses élèves en marquant au poinçon les absents. L'appel ter-

(1) Le professeur M. Peter, ancien typographe, élève de Trousseau et de Velpeau, dédia sa thèse inaugurale de docteur à l'IMPRIMERIE, *sa mère nourricière*.

miné, et jetant un coup d'œil scrutateur sur le groupe qui l'entourait :

— Où est donc celui d'entre vous, nouveau-venu, *qui veut que je lui apprenne la médecine ?*

Dolbeau, alors plus mort que vif et dont le visage passa en moins d'une minute par toutes les couleurs de l'arc-en-ciel, fut bien obligé de se montrer.

— Eh bien, mon ami, lui dit d'une voix douce l'illustre maître, je veux bien vous apprendre la médecine, mais TRAVAILLEZ !...... et il commença sa visite (1).

Ceci rappelle la parole qu'il dit à un de nos compatriotes qui lui avait été recommandé et qui était précisément le fils d'un des premiers protecteurs de Velpeau. « Mon ami, pour arriver, il faut trois choses : 1° Du travail ; 2° Du travail ; 3° Encore du travail. »

Le Dr Dolbeau fut vite remarqué par Velpeau et il eut une carrière des plus brillantes, quoique bien courte.

Comme examinateur à la Faculté, Velpeau se montrait envers les élèves qu'il avait à interroger juste et bienveillant. On le préférait même à d'autres professeurs plus fantaisistes. Cela ne l'empêchait pas d'aimer parfois à tendre quelques pièges. C'est ainsi qu'en demandant le diagnostic des *présentations* et des *positions* du fœtus sur le mannequin, il changeait la poupée à chaque instant et après que l'élève l'avait touchée. Ce manège l'amusait beaucoup.

C'était un excellent professeur.

Il tenait surtout à une science bien digérée et bien comprise. Faisant la part des choses, au sujet des livres d'examen et de la préparation immédiate de ces épreuves, il s'ex-

----

(1) Paul Labarthe, Loc. Cit.

primait ainsi en juin 1837, en tête de son *Manuel d'anatomie chirurgicale* alors aux mains de tous les étudiants :

« Les manuels, dit-il, épargnent le travail, soulagent la mémoire, en offrant à l'esprit des extraits tout faits. Mais, en admettant la chose comme vraie, ce serait encore un malheur; car les impressions ne sont réellement durables et bien senties que si elles ont coûté de véritables efforts intellectuels. La mémoire est d'ailleurs une faculté qu'il importe d'exercer sans cesse, puisque c'est elle qui fournit des matériaux au jugement. Puis, malgré la contention la plus grande, il ne reste dans la tête qu'un abrégé très restreint de ce qu'on vient de lire, abrégé que le temps raccourcit ensuite chaque jour, et qui ne finit que trop souvent par s'effacer en entier. »

Il ne s'accordait aucun loisir, aucune trêve, et il travaillait constamment. La nomenclature complète de ses ouvrages est trop étendue pour trouver place ici. Voici les principaux :

Traité d'anatomie chirurgicale, 1825-26, 2 volumes et atlas.

Traité de l'art des accouchements, 1829, 2 vol.

Nouveaux éléments de médecine opératoire, 1832, 3 vol. in 8° et atlas.

Embryologie, 1833.

Traité de l'opération du trépan dans les plaies de la tête, 1834.

Anatomie chirurgicale, générale et topographique, 1836, 2 vol. in-8° et atlas.

Petit traité des maladies du sein, 1839.

Manuel pratique des maladies des yeux, 1839.

Leçons de clinique chirurgicale, 1840-41, 3 vol. in 8°.

Du strabisme, 1842 ; Recherches sur les cavités closes de l'économie animale 1843 ; *des injections médicamenteuses dans les cavités closes*, 1846.

Traité des maladies du sein et de la région mammaire, 1853 etc.

Velpeau avait un délassement d'esprit singulier. Il cultivait avec joie le calembour. Cette douce manie le suivait partout, à l'école, à l'hôpital. On le vit en commettre de ces affreux jeux de mots même à l'Académie de médecine.

— Que pensez-vous, monsieur, du système d'Epicure ? disait-il un jour tout en examinant une tumeur pour laquelle on venait le consulter.

— Mais je . pense qu'il a du bon, reprit le consultant surpris.

Aussitôt Velpeau saisit une lancette et pratiqua rapidement plusieurs mouchetures superficielles. Le patient de se récrier.

— J'étais bien sûr, dit Velpeau, que vous vous vantiez.

Lorsqu'en 1865, à la suite de troubles survenus à l'École, on vint, pour remplacer Tardieu, lui offrir d'être doyen de la Faculté, il déclina *cet honneur* en faisant un calembour.

Quelques jours avant sa mort, un de ses collègues lui demandait pourquoi, arrivé à un âge où il aurait dû se reposer, il travaillait toujours :

—Vous voulez donc mourir à la « brèche, » ajouta-t-il.

— Pourquoi ne mourrais-je pas à la Brèches ? J'y suis bien né, reprit Velpeau.

Mais s'il se laissait aller à cet innocent badinage, on lui

a reproché à tort, si nous en croyons M. Béclard, sa dureté à l'égard des malades.

Il était question devant lui de l'apparente insensibilité des médecins. « L'homme que j'opère, dit Velpeau, sait que l'opération est pour lui la seule voie de salut ; l'espoir le soutient et cette pensée me domine moi-même ; mais un pauvre enfant ne sait rien, rien que souffrir ; aussi toutes les fois que je porte sur lui l'instrument, mon cœur se déchire. »

Atteint de la maladie qui devait l'emporter, Velpeau cachait son état à ses plus intimes amis. A l'un deux, il disait quelque temps avant sa fin : « Le triste, c'est d'avoir une maladie douloureuse dont on ne meurt pas. »

Il se croyait destiné à vivre longtemps encore malgré ses souffrances.

Velpeau légua par moitié sa splendide collection d'instruments de chirurgie à deux de ses plus chers élèves : MM. Desprès et Guyon.

Il ne devait pas tarder à suivre dans la tombe le chirurgien Malgaigne.

C'est sur la tombe encore entr'ouverte de celui-ci et après avoir rappelé tous ses amis qui mouraient les uns après les autres, que Velpeau prononça les paroles élevées qu'on va lire. (oct. 1865.)

« Ne dirait-on pas qu'en frappant ainsi à coups redoublés, la mort impitoyable cherche à se venger cruellement des efforts que nous faisons tous et toute la vie pour lui soustraire quelques victimes ? Inanité des choses d'ici-bas ! Qui n'eut envié pour lui l'auréole de Malgaigne ? Position sociale élevée, réputation, honneurs, estime des savants, fortune, famille heureuse, tout lui avait été accordé.

Un coup de vent a tout brisé ! Après quelques ébranlements sur son fauteuil de président, il tomba sur sa chaise curule, pour s'éteindre lentement sans avoir pu se relever. Et une fois le souffle divin exhalé de sa dépouille matérielle, tant de richesses scientifiques péniblement amassées vont s'engloutir au sein de cette tombe, de ce triste champ, qui me rappelle, hélas ! personnellement tant de larmes et tant de douleurs ! Des regrets s'exhalent de nos poitrines, quelques pleurs et un peu de terre vont s'y rejoindre, puis cette intelligente machine que nous avons tous admirée va rentrer dans le néant universel ! »

Ne dirait-on pas aujourd'hui, en lisant ces lignes, que Velpeau y faisait lui-même par anticipation sa propre oraison funèbre.

Velpeau succomba à une affection aiguë de la prostate au mois d'août 1867.

Il suivit de très près dans la tombe notre grand clinicien Trousseau, qui restera avec lui une des plus remarquables figures médicales de ce siècle.

On lui fit des funérailles splendides, dignes de son génie et de la haute situation qu'il avait occupée dans la hiérarchie des hommes de science.

Il était membre de l'Institut, de l'Académie de médecine, associé à toutes les Sociétés savantes de l'univers entier, professeur de clinique chirurgicale à la Faculté de Paris, commandeur de la Légion d'honneur, en possession d'une immense renommée et d'une fortune considérable.

C'est au cimetière Montparnasse, non loin de son ami Orfila, que repose Velpeau, l'un des plus encourageants exemples à montrer à la jeunesse pauvre et laborieuse.

Eh bien! qu'il me soit permis de le dire en terminant : si j'ai un regret à exprimer, c'est de ne pas voir Velpeau enterré à Brèches, à l'ombre de son clocher, dans le modeste et silencieux asile où reposent les siens. L'enseignement serait complet et Velpeau lui-même nous en paraîtrait plus grand encore.

FIN

Tours, imp. E. Mazereau.